Ocelote

Grace Hansen

abdobooks.com

Published by Abdo Kids, a division of ABDO, P.O. Box 398166, Minneapolis, Minnesota 55439.
Copyright © 2024 by Abdo Consulting Group, Inc. International copyrights reserved in all countries.
No part of this book may be reproduced in any form without written permission from the publisher.
Abdo Kids Jumbo™ is a trademark and logo of Abdo Kids.

Printed in the United States of America, North Mankato, Minnesota.

052023

092023

THIS BOOK CONTAINS RECYCLED MATERIALS

Spanish Translator: Maria Puchol

Photo Credits: Getty Images, Minden Pictures, Science Source, Shutterstock

Production Contributors: Teddy Borth, Jennie Forsberg, Grace Hansen
Design Contributors: Candice Keimig, Victoria Bates

Library of Congress Control Number: 2022950876

Publisher's Cataloging-in-Publication Data

Names: Hansen, Grace, author.

Title: Ocelote/ by Grace Hansen

Other title: Ocelot. Spanish

Description: Minneapolis, Minnesota: Abdo Kids, 2024. | Series: Animales sudamericanos | Includes
online resources and index

Identifiers: ISBN 9781098267605 (lib.bdg.) | ISBN 9781098268169 (ebook)

Subjects: LCSH: Ocelot--Juvenile literature. | Wildcat--Juvenile literature. | South America--Juvenile
literature. | Forest animals--Juvenile literature. | Zoology--Juvenile literature. | Spanish Language
Materials--Juvenile literature.

Classification: DDC 599.7--dc23

Contenido

América del Sur

América del Sur está llena de hermosos paisajes, desde los bosques lluviosos hasta las cordilleras montañosas. Una gran **diversidad** de animales vive en este **continente** gracias a estos lugares. Los ocelotes son uno de ellos.

América del Norte

Europa

Asia

África

América del Sur

5

El ocelote

Estos gatos salvajes se encuentran principalmente en América del Sur. Aunque su área de alcance se extiende hacia el norte hasta México y Texas.

A los ocelotes les gusta tener muchos lugares donde esconderse. Viven en zonas con muchas plantas, como los bosques lluviosos.

Pasan la mayor parte del tiempo en el suelo, pero también saben nadar y trepar por los árboles.

Los ocelotes son gatos de mediano tamaño. Pueden pesar hasta 34 libras (15.4 kg). Miden entre cuatro o cinco pies (1.2-1.5 m) desde la cabeza al rabo.

Su pelaje es llamativo, de color dorado y cubierto de un diseño oscuro. En la panza el pelo es blanco.

Caza

El ocelote tiene muy buen sentido del olfato. Caza por la noche porque puede ver muy bien en la oscuridad.

17

Crías de ocelotes

Son animales solitarios, pero se emparejan para poder tener crías. Después de dos meses, las hembras dan a luz a hasta cuatro crías. El pelaje de las crías es más oscuro y tiene manchas.

La madre cuida, alimenta y enseña a cazar a las crías. Se quedan con ella hasta los dos años.

Más datos

- Los ocelotes cazan todo tipo de presas. Principalmente se alimentan de roedores, pero también comen pájaros, lagartijas, serpientes, conejos y otros alimentos.

- Duermen la mayor parte del día. Encuentran lugares seguros para dormir debajo de arbustos, en las ramas de los árboles o dentro de troncos huecos.

- En la naturaleza pueden vivir hasta diez años y hasta 20 años en los zoológicos.

Glosario

área de alcance – zona en la que un ser vivo existe o vive.

continente – una de las siete grandes regiones de terreno en la Tierra. Los continentes son África, la Antártida, Asia, Oceanía, Europa, América del Norte y América del Sur.

diversidad – de diferentes clases o tipos.

presa – animal que es cazado por otro animal para ser comido.

solitario – vivir sin nadie.

Índice

Abdo Kids
ONLINE
FREE! ONLINE MULTIMEDIA RESOURCES

¡Visita nuestra página
abdokids.com para tener
acceso a juegos, manualidades,
videos y mucho más!

Los recursos de internet están en inglés.

Usa este
código Abdo Kids
SOK1832
¡o escanea este
código QR!